Stempeln auf Karton…

Material: Pappdose Ø 20 cm
Sammelmappe
Acrylfarbe Schwarz

Wählen Sie mehrere Stempelmotive aus, die Sie kombinieren möchten. Fertigen Sie sich die Stempel an wie auf Seite 3 beschrieben.

Bevor man zum ersten Mal einen Stempel verwendet, emfiehlt es sich, einen Probeabdruck zu machen. Es ist vom zu bestempelnden Material abhängig, wie die Konsistenz der Farbe zu wählen ist. Verwendet man einen saugfähigen Untergrund, lässt sich die Farbe gleichmäßiger auftragen, wenn sie zuvor mit etwas Wasser verdünnt wurde. Acrylfarbe mit einem Pinsel auf den Moosgummistempel auftragen – und los geht's.

Vorteile:

- Einfache Gegenstände wie schlichte Dosen oder Kartons, Sammelmappen oder Notizbücher, lassen sich im Handumdrehen zu individuellen und edlen Gegenständen verwandeln.
- Durch die Kombination von unterschiedlichen Stempelmotiven gleicht kein Gegenstand dem anderen.

Auf Stoff...

Material: Stofffarbe, Textile Art für dunkle Stoffe:
Weiß, Braun und Orange
Kissenhüllen, Fleecedecke

Stempeln Sie in unterschiedlichen Farbkombinationen.

Vermischen Sie Weiß mit z.B. etwas Braun, um so - wie beim Kissen - zarte Farben optisch in den Hintergrund zu stellen.

Kräftige Töne wie z.B. Braun werden zuletzt aufgetragen.

Vorteile:
- Sie haben die Möglichkeit, mehrere Gegenstände mit immer wieder sich wiederholenden Mustern zu gestalten (wie hier zum Beispiel Kissen und Decke).
- Stempelmotive können auch, aneinandergereiht, als Bordürenmotiv weitergeführt werden.

Stempeln auf Holz...

Material: Zeitschriftenständer aus Holz
Acrylfarbe: Titanweiß, Englischrot

Zeitschriftenständer in unterschiedlichen Farbnuancen grundieren. Unterschiedliche Stempel fertigen und in verschiedenen Anordnungen Motive aufdrucken.

Verdünnt man die Acrylfarbe mit Wasser, so bekommt der Stempelabdruck einen anderen Charakter. Er wirkt zart, wie lasiert.

Wandgestaltung:

Wand marmorieren. Hierfür z.B. Titanweiß mit Englischrot mischen und mit einem Naturschwamm, der vorher angefeuchtet wurde, Farbe an die Wand tupfen.
Bordüre mit Englischrot stempeln.

Vorteile:

- Ob Zeitschriftenständer, Minikommode oder großes Möbelstück, alles kann mit den Stempeln aufgepeppt werden.
- Passend dazu: die Bordüre an der Wand oder die gesamte Wandgestaltung. Dies erspart das Anbringen von gemusterten Tapeten.

Bordüren stempeln...

Material: Acrylfarbe
Kreppband
Naturschwamm

Um in gleichmäßigen Abständen die Stempel anzubringen, markieren Sie auf der Rückseite des Stempels die senkrechte Mittellinie. Kleben Sie ein Kreppband über die gesamte Länge an die Wand, an der die Bordüre aufgetragen werden soll. Mit einem Lineal bestimmen Sie nun selbst die Abstände der Stempelmotive und markieren diese Orientierungspunkte auf dem Kreppband. Beim Aufstempeln achten Sie jetzt darauf, dass die Mittellinie auf der Rückseite des Stempels und der Markierungspunkt auf dem Kreppband zusammentreffen. Wand vorher einfarbig grundieren oder mit einem Naturschwamm die mit Wasser verdünnte Acrylfarbe auftupfen.

Vorteile:

- Kombinieren Sie mehrere Stempel und gestalten Sie sich so Ihre individuelle Bordüre (siehe Bild 3).
- Kein aufwendiges Reinigen der Schablonierfolien mehr, denn Sie können einen Stempelabdruck neben den anderen setzen.
- Stempelvorlagen können mit dem Kopierer vergrößert oder verkleinert werden. So können Sie selbst die Stempelgröße frei wählen.

Briefpapier....

Material: Briefpapier oder Karten • Umschläge
Acrylfarbe in Karminrot, Orange und Gold

Passend zu jeder Gelegenheit können Sie in kürzester Zeit Ihr individuelles Briefpapier selbst anfertigen.

Acrylfarben Orange und Rot mit dem Pinsel auf den Stempel auftragen. Mit Gold die Konturen des Stempelmotives umranden und an der gewünschten Stelle auf dem Briefbogen oder Umschlag aufstempeln. Für jeden Stempelvorgang muß der Farbauftrag auf den Stempel wiederholt werden.

Pur verwendete Acrylfarbe ist durch ihre pastöse Konsistenz nicht so fließfähig, der Abdruck wird daher meist nicht so gleichmäßig. Um dies zu verhindern, kann die Acrylfarbe mit etwas Wasser verdünnt werden.

Stempeln mit Embossingpulver

Material: Embossingpulver in Weiß
Embossing-Stempel transparent
handgeschöpftes Papier in Braun
Karte cremefarben • Halbperle
Ringbuch • 3 Holzherzen • Acrylfarbe Mittelbraun

Den Moosgummistempel leicht in das transparente Stempelkissen drücken. Stempelmotiv für die Karte auf das handgeschöpfte Papierstück drücken. Beim Ringbuch mehrere Stempelabdrücke übereinander setzen.

Embossingpulver über die feuchten Stempelabdrücke streuen. Überschüssiges Pulver zurück in die Pulverdose schütten. Die einpulverisierte Fläche über einem Toaster zum schmelzen bringen.

Ringbuch mit drei braun bemalten Holzherzen verzieren. Für die Karte das bestempelte Papier auf die cremefarbene Karte kleben. Eine Halbperle schmückt das Motiv.

Wohndekoration mit Stofffarben...

Material: Stofffarbe, Textile Art: Weiß, Braun
Kissen, Schlaufenschal in Weinrot

Stempelmotiv mit einem Pinsel mit weißer Stofffarbe bemalen und Motive aufstempeln. Druckt man auf einen doppellagigen Stoff wie z.B. eine Kissenhülle, so ist es zu empfehlen, dass Sie einen dicken Karton zwischen die beiden Stofflagen legen, um so ein Durchdrücken der Farbe zu verhindern.

Werden die Acrylfarben nicht mit Wasser verdünnt, so erzielt man einen hochdeckenden Farbauftrag. Beim Kissen wurden die vier diagonal verlaufenden Motive in reinem, unverdünntem Weiß aufgestempelt. Für die Motive im Hintergrund wurde Weiß mit etwas Braun abgetönt und der Farbe etwas Wasser beigemischt. So treten diese Motive optisch in den Hintergrund.

Auch hier ist die Stempelqualität wieder vom Stoff abhängig. Dicke Stoffe können die Stofffarbe deckender aufnehmen als dünne Stoffe. Auch die Stoffqualität ist für das Ergebnis des gestempelten Motives ausschlaggebend. Kleine Schönheitsfehler können mit einem feinen Pinsel und etwas Stofffarbe leicht korrigiert werden.

Tischdeko...

Material: Stofffarbe, Textile Art: Braun, Weiß, Rot
Tischdecke naturfarben, Stoffserviette Braun
Namenskärtchen 4,5 x 10 cm, Menükarte 10 x 20 cm

Für die Tischdecke und die Serviette werden unterschiedliche Stempelmotive verwendet.

Für die Tischdecke Blattmotive mit Braun auftragen und kleine Kringel in einer Farbtonmischung aus Weiß, Braun und etwas Rot darüber stempeln. Serviette zuerst mit weißen Blattmotiven bedrucken und anschießend mit einer Farbkombination aus Weiß und Braun Kringel aufstempeln.

Das Stempeln auf Stoff führt zu unterschiedlichen Ergebnissen. Ausschlaggebend für die Stempelqualität ist die Saugfähigkeit des Stoffes.

Bei manchen Materialen kann es sein, dass die Stofffarbe nicht gleichmäßig aufgenommen wird. Kleine Schönheitsfehler können aber mit einem feinen Pinsel leicht korrigiert werden.

Geschenkverpackung...

Material: Seidenpapier • Paketpapier
Karte in Orange 12 x 17 cm
Pappdosen
Acrylfarben in Karminrot, Gold, Englischrot, Kupfer, etc...

Geschenkverpackung und Karte im gleichen Design:

Geschenkdose in Karminrot grundieren. Krönchenstempel in Gold aufdrucken. Mit einem Naturschwamm den restlichen Dosendeckel mit Gold verzieren. Dosenunterteil mit Kringelstempel in Gold verzieren.

Für die Kronen-Karte Kronenmotiv auf dunkelrotes Seidenpapier stempeln. Karte in Orange mit dem Naturschwamm in Gold marmorieren. Seidenpapier mit Kronenmotiv aufkleben.

Um sich ein individuelles Geschenkpapier zu gestalten, hat man mit Acrylfarbe unendliche Möglichkeiten. Ob nur in einer Farbe und mit einem Motiv gestempelt wird oder ob man mehrere Stempelmotive und auch verschiedene Farben miteinander kombiniert, das bleibt Ihrer eigenen Kreativität überlassen.

Die Herstellung individueller Stempel:

Es braucht nur wenige Dinge:

Die **Motive** werden aus Moosgummi ausgeschnitten. Hierfür wird das ausgewählte Stempelmotiv auf Transparentpapier übertragen und anschließend mit einer Schere ausgeschnitten. Diese Vorlage dann auf Moosgummi legen und die Konturen mit einem Kugelschreiber umfahren. Anschließend das Motiv mit einer Schere aus der Moosgummiplatte herausschneiden (besonders gut eignet sich hierfür eine kleine Nagelschere).

Als **Trägermaterial** für den **Moosgummistempel** können Hartschaumplatten 4 mm (die es in verschiedenen Farben im Baumarkt oder Bastelladen gibt) oder Plexi- bzw. Bastlerglas verwendet werden. Beide Materialien am besten mit dem Cutter und einem Lineal in der passenden Größe für das gewählte Motiv zurechtschneiden (Schneideunterlage verwenden).
Bei Glas reicht oft ein leichtes Anritzen und das Material kann anschließend gebrochen werden. Das ausgeschnittene Moosgummi-Motiv mit Flüssigkleber auf das Trägermaterial kleben.

Farben: Es werden keine speziellen Stempelfarben gebraucht. Sie können Acrylfarben verwenden, die z. B. mit Wasser verdünnt oder pur aufgetragen werden. Versuchen Sie es aber auch mit Stoff- oder Aquarellfarben.
Die Farben werden mit einem Pinsel nur auf dem Moosgummi-Motiv aufgetragen. Anschließend wird das Motiv einfach an der gewünschten Stelle aufgestempelt. Nach Gebrauch lassen sich die Stempel problemlos mit Wasser reinigen.

Die Vorteile:

- Günstige Anschaffung
- Möglichkeit, die Größe der Stempel selbst zu bestimmen (kopieren Sie die Vorlagen in die gewünschte Größe)
- Mühseliges Schablonieren bei der Wandgestaltung entfällt
- Kombinationsmöglichkeit mehrerer Motive auf einem Stempel
- Vorlagen im DIN A4 Format (so können diese herausgenommen und z. B. in einem Schnellhefter gesammelt werden)